AF339933

CHAUX,

Membre du Comité de Nantes,

AUX AMIS DE LA VÉRITÉ

ET DE LA LIBERTÉ.

NON : Je ne suis ni l'ordonnateur, ni l'exécuteur d'aucun crime......... Le voile sera
déchiré ; l'ami du peuple et de l'humanité
rendu à l'honneur et à l'estime publique.

CHAUX,

MEMBRE DU COMITÉ DE NANTES,

AU PEUPLE FRANÇAIS.

Républicains, suspendez votre jugement ; l'heure de la vérité sonnera, et vous reconnaîtrez un patriote opprimé.

O VOUS, qui avez entendu nos accusateurs, faites-vous rendre compte de ma vie et de mes malheurs ! Si mes mœurs sont pures, et ma vie laborieuse ; si j'ai été bon fils, bon ami, bon époux, bon pere ; si l'humanité et la bienfaisance ont été mon caractere distinctif ; si j'ai constamment été l'ami du peuple et le défenseur de l'opprimé ; si j'ai été un des plus chaleureux amis de la Révolution ; vous me rendrez justice : vous conviendrez qu'il n'est pas présumable que je sois un fonctionnaire infidele, un méchant citoyen, un homme de sang.

L'aurore de la révolution fut pour l'ami des mœurs, pour l'infortuné, l'aurore du bonheur ; dès-lors je me liai au char de la liberté, je jurai de servir sa cause sacrée ; j'ai tenu et je tiendrai mon serment ; oui , je jure de nouveau que, si je succombe au chagrin d'avoir perdu la confiance des patriotes, de me voir traité en conspirateur, mon dernier soupir sera encore pour ma Patrie et pour le triomphe de la cause du Peuple, dont je ne cessai d'être l'ami et le défenseur.

Ma vie politique ne peut être un problême, non plus que ma vie privée, l'une et l'autre sont connues, et mes concitoyens peuvent en rendre compte ; car, toujours et sans interruption, j'ai vécu au milieu d'eux. Ma vie révolutionnaire doit être d'autant plus notoire, que, depuis 1789, je ne m'absentai de Nantes que le temps nécessaire pour remplir la mission dont mes concitoyens me chargèrent l'an dernier près la Convention, et pour aller aux assemblées électorales, ou en détachement contre les brigands de la Vendée. A cela près, ma présence à Nantes peut être constatée chaque jour par les registres de la société ; car, rarement depuis 1790, je manquai à une séance : *il est donc faux que je fusse en septembre 1792 à Paris. Que ce fait donne une idée de la véracité de mes accusateurs ! mais il entrait dans le système de me rendre odieux* (1).

____

(1) Ne pouvant me trouver en défaut, ils inventent

[5]

Si un républicain pouvait se faire un mérite de son exactitude à remplir ses devoirs, et les rappeller pour combattre la calomnie, je dirais que depuis le premier instant de la Révolution, j'en fus l'ami et le défenseur le plus prononcé; que je la servis de tous mes moyens ; que je pris les armes pour soutenir la cause de la liberté, avec la résolution de ne les quitter qu'après avoir détrôné la tyrannie, et établi le règne de la justice. Je dirais que je fus du nombre de ceux qui arrachèrent le château de Nantes aux satellites du tyran; que je restai constamment à garder ledit château dans l'attente continuelle d'y être attaqué par la troupe aux ordres du contre-révolutionnaire d'Hervilly ; que nous y fîmes le serment de mourir jusqu'au dernier, plutôt que de nous rendre! Ce fut en 1789 (1).

---

mensonges sur mensonges, et suivant les maximes de Dom Bazile : Après m'avoir suscité une mauvaise affaire, ils calomnient et me fabriquent des crimes. Tel, *par exemple*, que d'avoir voyagé par décret de la Convention, avec Phelippeaux, dans les départemens de l'Ouest, et ensuite d'avoir été l'objet des éloges de ce représentant dans le rapport de sa mission sur la Vendée.

(1) *Voyez* le compte rendu par la Commune de Nantes, folio 3. Les citoyens Pointel, Lafeuillade, Lebrun et Méraque aîné, commandaient ce jour la garde.

A 3

[6]

Je dirais que, dans la société populaire des vrais
Sans-culottes de Nantes, dont je m'honore d'être
un des fondateurs en 1790, j'émis les principes
les plus purs, sur-tout ceux de bienfaisance et
de fraternité; que je combattis avec succès les
abus et les factions liberticides; que plus d'une
fois j'y fus nommé l'ami du peuple et de l'humanité. Le témoignage de cette société est d'autant
plus précieux, que le feu sacré ne s'y éteignit
jamais; qu'elle s'est montrée dans tous les momens de crises à la hauteur des circonstances;
que c'est elle qui, au temps du fédéralisme,
lutta contre la faction liberticide et rallia la
portion du peuple égarée à la Convention.

Je pourrais invoquer le témoignage des sec-
tions, qui toujours m'honorerent de leurs con-
fiances, soit pour les présider, soit pour les
représenter aux assemblées électorales, ou dans
d'autres circonstances; elles savent avec quelle
énergie je m'opposai à tout ce qui pouvait blesser
les principes de la justice et de l'égalité; elles
savent que je ne déviai jamais un seul instant;
elles savent que la République n'eut jamais de
plus zélé partisan.

Je pourrais encore citer l'estime que m'accor-
derent mes freres-d'armes, entr'autres les braves
canonniers, qui me choisirent pour les comman-

der, et avec lesquels je partageai l'honneur de la victoire remportée sur les brigands à l'affaire de Laloué, où la colonne composée de Nantais, commandée par le brave Guillemet, enleva leur camp, leur artillerie et leurs provisions, 30 avril 1793 (1).

Je pourrais citer quels furent mes travaux à Nort, en mai 1793, pendant le temps que j'y fus en garnison : je m'occupai à rétablir la société populaire, à vivifier l'esprit public, à développer les principes républicains, à y organiser la garde nationale ; et la belle défense qui honora les habitans de cette Commune à l'attaque de Nantes, ne fut pas étrangere à mes travaux, j'en appelle aux habitans, aux citoyens Huard, Thomas, et autres qui y coopérerent.

Je pourrais dire, qu'aux temps les plus difficiles, je fus choisis député extraordinaire par les républicains de Nantes, vers la Convention, pour y parler, en leur nom, le langage montagnard, dont ils savaient que j'avais l'habitude ; c'est depuis ce temps que je suis devenu l'objet de la persécution et de la haine des fédéralistes ; ils ont juré qu'ils se vengeraient, et je tombe sous leurs coups.

____

(1) *Voyez* le compte rendu à la Convention par la Commune de Nantes, *30 avril*, et la note, n°. I.

A 4

Je pourrais rappeller, avec avantage, l'éloge que fit le représentant du peuple, le 3 août, 1793, de la maniere dont je m'étais acquitté de l'honorable mission dont j'avais été chargé ; il y déclara qu'il regardait mon adjonction à celle qu'il reçu de la Convention, comme un bonheur public, et le peuple, applaudissant à son rapport, en demanda l'impression, ce qui a eu lieu (1).

Je pourrais, pour écarter toute idée d'ambition de ma part, dire une vérité bien connue, c'est qu'ayant l'estime de ce représentant, l'ayant logé chez moi, à l'instant où toutes les administrations furent renouvellées, j'eus la délicatesse de ne vouloir accepter aucune des places qu'il me crû propre à remplir ; cependant, dans ce moment je faisais un service militaire, tellement dur que de 48 heures, j'en passais 24 sous la tente et couché sur la paille (2).

Enfin, je pourrais invoquer le témoignage et

____

(1) *Voyez* les rapports de Phelippeaux, sur la guerre éternelle de la Vendée, guerre alimentée par le crime.

(2) Je pensais dès−lors que si ceux qui avaient harangué le peuple, foudroyé les factions, acceptaient les places, l'aristocratie et la malveillance diraient qu'ils avaient travaillé pour satisfaire leur ambition ; que la calomnie les empêcherait d'opérer le bien : c'est

offrir les déclarations de tous les hommes impar-
tiaux ; ils diraient que je fus à la hauteur des
circonstances , que toujours je marchai dans le
sentier de la vertu et de l'humanité , dans les
principes de la Convention ; qu'ennemi né de la
tyrannie , je n'oubliai jamais l'occasion de faire
passer la haine qui m'animait contre le tyran ,
dans l'ame de mes concitoyens, *et qu'à sa fuite,
à Varennes , je proposai la République comme le
seul gouvernement convenable à des hommes
libres* (1).

Que je m'élevai avec courage et énergie contre
le fanatisme, que je déplorai cent fois les malheurs
que nous préparaient ceux qui arment le peuple
pour l'intérêt du ciel , et qui cherchent à per-

---

cette raison qui m'a fait refuser depuis les places de
président, d'accusateur, de juge , d'agent des subsis-
tances, qui me furent offertes par le district , et qui
m'a porté à vouloir remettre ma démission de celle du
Comité, lorsque j'appris qu'elles devenaient permanen-
tes : *ce fut en vain, on ne voulut pas l'accepter, j'en
offre la preuve par écrit.* Je faisais consister mon bonheur à n'être rien que l'ami et le défenseur des principes.

(1) J'invoque le témoignage du citoyen Levieux,
commandant de la Gendarmerie à Nantes ; il partageait
mes principes. Je citai l'expulsion des Tarquin , à
Rome.

pétuer sa superstition, afin de l'avilir et de s'en rendre maître, au nom de la divinité qu'ils outragent : puisque l'homme fut créé pour le bonheur et la liberté.

Je dirais que je fus le persécuteur le plus ardent du systême perfide qui devait déchirer la France en la fédéralisant ; que j'appellai la censure contre les amis des Buzot, Brissot, et autres que l'on annonçait comme les libérateurs de la Patrie, et qui finirent par entraîner des administrateurs, jusques-là patriotes, à provoquer et arrêter les actes des 12 juin et 5 juillet, par lesquels l'autorité de la Convention fut méconnue, et les Montagnards sous les couteaux (1).

Qu'à l'époque du soulèvement général, le 10 (2) mars 1793, je me chargeai de la mission la plus périlleuse pour l'exécution du recrutement, pendant laquelle je me trouvai enveloppé par cinq cents brigands, armés de fourches, de faulx et autres instrumens meurtriers ; pendant plus de

---

(1) Consultez Tissot, beau-frere du représentant Goujon ; ce fut un de ceux qui sauverent la Cité du fédéralisme. Il doit vivre à jamais dans la mémoire des Nantais montagnards.

(2) C'est le jour malheureux ou sonna le tocsin de la guerre de la Vendée.

trois heures, je fus entre la vie et la mort : néanmoins je fis respecter l'organe de la loi. Ma vie fut le prix de ma fermeté et du dévouement d'un jeune canonnier, nommé Chédorge, qui m'avait accompagné; plusieurs autres patriotes furent massacrés ce même jour, en exécutant pareille mission. Je fus moins heureux, puisque je fus réservé à la persécution.

Je pourrais ajouter que je me dévouai de nouveau aux poignards de l'aristocratie et des factions, en acceptant à être membre d'une administration détestée ; mais j'étais désigné, et la certitude du danger me faisait un devoir d'accepter. Jour et nuit furent employés à remplir ma tâche. Mon oreille ne fut jamais fermée, aux cris des malheureux; et chaque jour ma maison en était remplie, même pendant le temps des repas. Non, jamais,... jamais, je ne fus un oppresseur.... Les citoyennes Morvan et Dorrion, qui logeaient dans ma maison , attesteront les vérités que j'avance ; j'accordais une demi-heure le matin à ma famille , à mon fils , dont le souvenir m'arrache des larmes!...... Tout mon temps était consacré à ma Patrie et aux infortunés. Hélas ! mon bonheur était d'être chéri dans ma famille , et de ceux que j'arrachais au malheur et à l'indigence.

[12]

Enfin, pour prix de cinq années de travaux les plus pénibles, d'un dévouement sans bornes, de tous les sacrifices; je suis arraché à ma famille, traîné dans les cachots les plus obscurs, vingt-cinq jours au secret; arraché de ce séjour, au milieu de la nuit, chargé de fers........... Jetté dans une voiture, déjà remplie, pouvant à peine respirer; obligé de me tenir pendant la route, courbé ou à genoux, afin de soulager mes malheureux compagnons d'infortunes; réduit à mendier quelques misérables vêtemens et autres nécessités, sur la route, n'ayant pu obtenir cinq minutes pour prendre une chemise; proscrit, traîné le 5 Thermidor au tribunal de sang, jetté sur une poignée de paille, dévoré d'insectes, vivant dans le séjour destiné aux ennemis de ma patrie; gémissant sous les coups de fausses accusations, qui me confondent avec les assasins, qui me présentent comme un canibale, un faux patriote gorgé d'or et de crimes, couvert du sang de mes concitoyens..........

A cette pensée, la plume tombe............ aux souvenirs de mes maux, mes idées se troublent et se confondent...... Mais, il me restait encore à être soupçonné d'avoir assisté aux journées de septembre 1792. (1) O patriotes! pouvez-

____

(2) Je le répète, je ne quittai pas la cité de Nantes depuis 1788, jusqu'en 1793.

vous vous peindre ma situation à cet interro-
gatoire, tous mes malheurs se retracèrent à mon
imagination. De témoin, je devins accusé, et de
plus, présenté comme un fourbe, un monstre
dégoûtant de sang!... Pouvez-vous me faire un
crime d'expressions échappées dans un pareil moment. Oui, je dois l'avouer, j'étais hors de moi,
je n'étais plus moi........, lorsqu'au tribunal je
m'informai de Poirier, pour rendre compte des
dénonciations faites à son sujet. Je me voyais
écrasé par la calomnie et le soupçon, et j'étais
dans un tel état que mes mots n'étaient plus l'ex-
pression de ma pensée..... Hélas! que vous m'avez
maljugé! non, jamais il ne fut en moi d'insulter aux
malheurs. Eh! dans quel moment encore me sup-
poser un semblable dessein; dans un moment où
je l'éprouve dans toute sa force......... Non, je
le déclare, ce ne fut et ce ne put être mon
intention. Descendez dans vos cœurs, considérez
mon état et jugez mes intentions.

L'on m'a interrogé au tribunal sur la manière
et par qui fut faite la liste des gens suspects de
la Commune de Nantes, qui devaient être incarcérés d'après la loi du 17 septembre; qui dit (1):

---

(1) Il existe encore plusieurs autres cas d'arrestations, résultans des décrets postérieurs.

Article premier.

« Immédiatement après la publication du présent, tous les gens suspects qui se trouvent dans le territoire de la République, et qui sont encore en liberté, seront mis en état d'arrestation. »

Art. II.

« Seront réputés gens suspects :

1º. Ceux qui, soit par leur conduite, soit par leurs relations, soit par leurs propos ou leurs écrits, se sont montrés partisans de la tyrannie ou du fédéralisme, et ennemis de la liberté ;

2º. Ceux qui ne pourront pas justifier de la maniere prescrite par la loi du 21 mars dernier, de leurs moyens d'exister et de l'acquit de leurs devoirs civiques ;

3º. Ceux à qui il a été refusé des certificats de civisme ;

4º. Les fonctionnaires publics suspendus ou destitués de leurs fonctions, par la Convention nationale ou par ses Commissaires, et non réintégrés, notamment ceux qui ont été ou doivent être destitués en vertu de la loi du 14 août dernier.

[15]

5o. Ceux des ci-devant nobles, ensemble les maris, femmes, peres, meres, fils ou filles, frères ou sœurs et agens d'émigrés qui n'ont pas constamment manifesté leurs attachement à la Révolution.

6o. Ceux qui ont émigré dans l'intervalle du 1er. juillet 1789, à la publication de la loi du 8 avril 1792, quoiqu'ils soient rentrés en France dans le délai fixé par cette loi, ou précédemment. »

A R T.   I I I.

« Les Comités révolutionnaires établis d'après la loi &c. &c., sont chargés de dresser, chacun dans leur arrondissement, la liste des gens suspects, de décerner contre eux les mandats d'arrêts, &c. &c. &c. (1) »

Le représentant du peuple, Carrier, arriva à Nantes le bras armé d'une verge de fer ; il s'y présenta sous un aspect aussi farouche et aussi sauvage que les montagnes qui l'ont vu naître (2) : il ordonna, non-seulement au Comité, mais aux

____

(1) A peine de punition et destitution qui entraîne la réclusion suivant la loi.

(2) Ce sont ses expressions à la société populaire, le 29 frimaire.

différentes administrations, de s'assembler avec les membres nommés par la société, pour dresser la liste de ceux que l'opinion publique accusait. On se conforma à ses ordres, et la liste des suspects fut faite par les patriotes les plus prononcés : la loi était impérative, il fallut s'y conformer, et y ranger ceux qu'elle désignait, entr'autres les prêtres insermentés et fanatiques, les nobles, les peres, freres et agens d'émigrés, ceux qui firent rètentir les tribunes de leurs vociférations contre Marat, ceux qui conseillerent, provoquerent et signerent les arrêtés fédéralistes, ceux qui avaient plus particulièrement blâmé les journées des 31 mai, 1 et 2 juin, et provoqué l'envoi d'une force armée contre la Convention et les Parisiens qui sauvaient la liberté.

Le représentant Carrier décida qu'une partie des gens suspects serait éloigné de la cité et envoyée à Paris. Il avait, sans doute, des ordres que nous ignorions : ce qui est vrai, c'est que sans ses ordres on ne l'eût jamais fait, par la raison irrésistible que l'on n'en avait ni le droit ni le pouvoir. Enfin, par l'instruction du procès, il résulte qu'ils furent seulement égarés, qu'ils n'avaient pas eu d'intentions contre-révolutionnaires. *Bravo* : je n'ai pas été le dernier à applaudir à leur jugement ; mon cœur s'en est réjoui

réjoui; car plusieurs furent mes amis. Certes, il vaut mieux avoir à pardonner des erreurs, qu'à punir des crimes, *sur-tout quand nos erreurs émanent de ceux qui devaient nous en garantir,* et c'était leur position; mais étaient-ils sous le coup de la loi? devaient-ils être incarcérés, sauf aux Juges à prononcer, dans leur sagesse, sur leurs intentions ? Voilà l'état de la question (1). Pourquoi donc accuser le comité de leur arrestation, de leur voyage, de leurs souffrances, et enfin de leur traduction à Paris, puisque ce n'est pas son ouvrage? mais bien celui de Carrier, qui ordonna tout, qui surveilla tout, qui établit, avec son collégue à Angers, une correspondance à leur sujet; qui enfin donna l'ordre au Payeur général de fournir les fonds nécessaires pour le voyage (2). Le comité ne

---

(1) Le peuple, assemblé en présence du représentant Prieur, de la Marne, et interpellé par lui le 23 ventôse , sanctionna cette mesure, et arrêta d'envoyer au Comité le procès-verbal de la séance, en témoignage de satisfaction. Cette pièce existe en original au Comité.

(2) Cet ordre au Payeur général, pour fournir les fonds, existe en original, ainsi plus de doute.

B

pouvait, ne devait pas résister à la volonté du représentant du peuple ; il faut dire plus, c'est qu'il n'y avait pas à répliquer quand il avait pris un parti, et que toutes les administrations furent en tutelle et sous un sceptre d'airain, pendant sa mission à Nantes.

L'administration, dont je fis partie, est accusée ; mais, pénétrez-vous donc, enfin, qu'elle ne fit rien d'important, sans se concerter avec les administrations et les commissaires de la société ; *cela devait être dans une ville assiégée et dont les mesures étaient forcées par le danger des circonstances.* Dans ces assemblées, ordonnées par le représentant, les mesures étaient arrêtées ; rien n'émanait du comité seul, il y était toujours en minorité ; il n'en avait que l'application, parce que la loi le voulait ; voilà pourquoi les haines et les persécutions ont porté sur lui seul........ Parce que lui seul parut agir........ L'ordre signé, Goullin, Mainguet et Grand-maison, *donné inconséquemment par eux au nom du Comité,* huit jours après le départ des Nantais qui étaient alors à Angers, c'est-à-dire, dans la nuit du 14 au 15, pour une fusillade qui devait être exécutée de suite à Nantes, *et qui n'a jamais eu lieu.* Cet ordre fut le résultat d'une de

ces assémblées (1) *à laquelle je n'assistai pas,*
non plus que Bologniel.

---

(1) *Au nom du comité révolutionnaire de Nantes.*

« Le commandant temporaire de Nantes est requis de
» fournir de suite 300 hommes de troupes soldées, pour
» une moitié se transporter à la maison de Bouffé, se
» saisir des prisonniers désignés dans la liste ci-jointe,
» leur lier les mains deux à deux, et se transporter au
» posté de l'Eperonniere ; l'autre moitié portée aux
» prisons Sainte-Claire, et conduite de cette maison à
» celle de l'Eperonniere, tous les individus indiqués
» dans la liste également ci-jointe ; enfin pour, le tout
» arrivé à l'Epéronniere, prendre en outre ceux déte-
» nus à cette maison d'arrêt, et les fusiller tous indis-
» tinctement, de la maniere que le commandant le
» jugera convenable. »

à Nantes, le 15 frimaire, l'an 2ᵉ de la république
» française une indivisible. *Signé,* J. J. Goullin,
» M. Grandmaison, et J. B. Minguet.

Observons que cet ordre, qui ne fut jamais l'œuvre du comité, qu'il fut donné dans un moment de
crise et d'alarmes, où l'on craignait d'être attaqué au
dedans et au dehors ; que cet ordre, enfin, annullé
avec le danger, n'a pu avoir aucun rapport avec les
130 Nantais, partis le 6 et arrivés à Angers le 10, puis-
qu'il est du 15, *et porte textuellement* contre des individus existans à Nantes. Mais, qu'a-t-on fait pour
tromper le peuple ? L'on a annoncé cet ordre avec une
fausse date du 5, afin de l'appliquer aux 130 Nantais.

Étant arrivé le matin, 15 frimaire, au comité, je trouvai plusieurs de mes collegues dans l'abbatement de la douleur ; Perochaud, Bachelier et Lévesque me firent part, en versant des larmes, de ce qui s'était passé dans l'assemblée de la nuit, et des nouvelles plus rassurantes que l'on répandait sur la marche des brigands.

Je pris sur-le-champ mon parti : mes amis, leur dis-je, ce n'est pas des larmes qu'il faut, mais de l'action; il faut empêcher l'exécution de cet ordre, s'il en est tems encore, et prévenir des malheurs qui retomberaient sur nous et nos enfans. Ma proposition fut acceptée ; un membre du comité se rendit à l'instant chez Goullin, pour prendre connaissance de l'état des choses, et chez le Commandant de la place, pour annoncer que le Comité s'opposait formellement à l'exécution d'un ordre qui n'était pas son ouvrage. Mes collègues se précipiterent dans mes bras, et me dirent que je leur rendais le bonheur et la vie (1).

On est convenu de cet astuce ; mais on avait tiré le parti qu'on s'était proposé de cette perfidie ; la première impulsion était donnée à l'opinion, et le comité présenté comme l'assassin des 130 Nantais. *Voyez* les détails imprimés par les signataires de l'ordre.

(1) Je les interpelle de déclarer la vérité, et si ce fut ma conduite.

[21]

Au même instant, divers membres du comité
se rendirent chez le représentant Carrier, chez
les Juges , chez les Administrateurs, afin de les
rassembler, nous informer des motifs qui les
avaient déterminés, et prendre un parti. Bientôt
nous fûmes tranquillisés, les ordres n'avaient
pas eu de suite, les nouvelles du dehors étaient
moins alarmantes, on eut le tems de respirer;
Carrier arriva, présida l'assemblée, et le résultat fut le retrait d'un ordre qui ne fut jamais
l'œuvre du comité, qui, né du danger, disparut
avec le danger; ordre que le comité ne connut
que pour s'y opposer (1).

A l'égard des 100 et quelques individus trans-
férés de la maison du Bouffé le 25 frimaire,
j'ai entendu parler, comme tous mes concitoyens,
de cet événement malheureux ; mais je ne peux
donner aucuns renseignemens positifs sur ce fait,
par la raison *que je n'étais pas à Nantes à cette
époque, et que je n'y revins que le 28 du
même mois* (2). Ce que je crois devoir dire,

----

(1) *Voyez* les détails imprimés par les signataires de
l'ordre.

(2) Cent témoins attesteront que j'étais absent de
Nantes à cette époque, qui fut celle de la dissolution
de la société par Carrier; je déclare de plus n'avoir ja-

pour rendre hommage à la vérité, c'est qu'il n'y avait ni femmes ni enfans, et qu'il y eut réellement une insurrecsion terrible dans cette maison; que l'on y trouva de fausses clefs, et que les brigands de la Vendée qui y étaient se vantèrent hautement qu'ils avaient avis de bonne part que le brigand Charette venait les délivrer; qu'il est encore vrai que ce fut le nommé Hubert qui découvrit cette conspiration, et qu'elle jetta les citoyens dans les plus vives alarmes sur un mouvement intérieur. Ces faits sont constatés.

L'on m'a demandé au tribunal s'il y a eu, à Nantes, d'autres fusillades, &c. &c. Oui, il y en a eu, et plusieurs furent le résultat des jugemens des Commissions militaires contre les brigands de la Vendée. Au surplus, la société et ceux qui commandaient à Nantes peuvent et doivent donner des renseignemens au sujet des submerssions; ainsi qu'un grand nombre de citoyens : ils di-

---

mais été dans aucune maison d'arrêt, si ce n'est dans celle de Sainte-Claire, par ordre des représentans, pour y interroger et rendre des détenus à la liberté. n'a i jamais été chargé d'aucuns effets leur appartenant. Deux fois seulement, j'ai assisté à la position des scellés chez les citoyenne Brodeau et Coutard, accompagné de commissaires.

ront par quels ordres, comment et par qui elles ont été exécutées; (1) c'est leur devoir. S'ils se taisent, ils deviennent aussi criminels que celui qui les ordonna, et qui souffre que le comité soit accusé en sa présence, sans nommer ceux qui les exécuterent. J'atteste formellement que le comité ne s'en est jamais mêlé en aucune manière à ma connaissance, *mais bien les nommés Fouquet et Lamberty, et que ces hommes furent dénoncés par les membres du Comité que l'on accuse.* Ils ont fait plusieurs déclarations contre Carrier,

---

(1) Tous les habitans de Nantes, entre autres les secrétaires des représentans..... Carrier; mais pourquoi ne parle-t-il pas? pourquoi ne répond-il pas aux mânes de Fouquet et Lamberty, qui lui crient, du fond de leurs tombes, de déclarer des vérités qui doivent innocenter les malheureux membres du comité. Consultez les citoyens Robin, Laveau, Préjean, Conturie, Osulivan, Guené, Foucault, Roger, Le Noir, Castrie, Colas, Renard, Miné, Lecoq, François, Legeai, Gicquiau, Vic, Fleury, Champenois, Leminihy, Bureau, Thomas, Defas, Vimeux, Fonbonne, Le Normand et son épouse, la citoyenne Caron, Petit aîné, Petit jeune, Gaulier père, Forget, les femmes Giroult et autres, enfin le Gardien de la maison d'arrêt dite de l'Entrepôt du Bouffé, et tous les membres de la Commission militaire près l'armée de l'ouest.

lors de leur jugement par la Commission militaire établie près l'armée de l'ouest (1) : les membres de cette commission savent tout, et par quel ordre ces deux individus exécutaient (2). Qu'ils parlent ; car il faut enfin que le voile se déchire, que les coupables soient connus et l'innocent rendu à l'honneur et à la liberté.

C'est dans ces temps de danger, de trouble et de malheurs, où la cité de Nantes fut exposée aux horreurs de la guerre, de la famine et de la peste ; c'est dans ce désordre affreux, que gémissant sur le sort des enfans pris et amenés avec les brigands armés, je fis la proposition au comité de solliciter du représentant Carrier un arrêté pour retirer tous les enfans, les jeunes gens, et de les distribuer aux bons citoyens pour en prendre soin : mes collégues acceptèrent avec joie ma proposition. Ils me chargèrent d'aller réclamer cet arrêté ; je l'obtins après 15 jours d'importunités (3), *et aussi-tôt je pris à ma*

---

(1) *Voyez* le compte rendu par la Commune de Nantes à la Convention.

(2) Ils furent menacé de la guillotine pour avoir voulu faire quelques représentations.

(3) Cet arrêté est au comité ; le citoyen Renard, maire de Nantes, et la citoyenne Carron, furent pré-

charge deux de ces malheureux enfans ; ils sont encore chez moi, aux soins de mon épouse ; ils versèrent des larmes lorsqu'ils virent leur bienfaiteur entraîné dans les cachots.

L'on accuse le comité d'infidélité ! Quoique je ne me sois jamais mêlé de comptabilité dans le comité (1), que je n'aie rien encaissé, enregistré, ni payé..... j'oserais affirmer que l'on trouvera jusqu'à une obole, remise, saisie ou apportée ; ceux des membres qui en étaient chargés ne demandaient que cinq jours pour remettre leurs comptes, et la loi du 27 prairial leur accordait jusqu'au premier fructidor. S'ils eussent été coupables, il ne dépendait que d'eux de cacher leurs

---

sents, ainsi que plusieurs autres, à la bourasque que j'éprouvai à raison de mon importunité pour arracher cet arrêté d'humanité. La plupart de ces jeunes gens sont actuellement employés dans notre marine : Prieur de la Marne doit en avoir connaissance.

(1) Chaque membre connaissait l'objet de son travail ; je fus indiqué pour les relations du dehors, soit avec les représentans, soit avec la société. Voilà pourquoi je ne me trouve chargé d'aucune manutention, et quelquefois hors d'œuvre ; j'étais rarement le soir au comité ; je me rendais à la société, pour y faire part au peuple de ses travaux, et pour m'éclairer de l'excellent esprit qui y régnait.

infidélités ; car, Carrier ayant nommé, sur la demande des administrateurs, Goullin à l'agence du district auquel on devait rendre compte ; s'il eut accepté, il eût rendu compte à lui – même : mais non, il refusa, et la commission fut reportée au représentant du peuple. Si, lorsqu'ils furent arrêtés, on eût pris le sage parti de nommer des commissaires pour, de concert avec eux, en faire la vérification, on serait sans doute convaincu que la probité a toujours été la règle de leur conduite (1).

Ils se trouvent positivement dans la situation d'un individu auquel on aurait confié un dépôt ; celui qui le lui aurait confié l'accuserait de l'avoir dilapidé, et sur cette accusation, le malheureux est traîné au cachot ; il s'écrie en vain, vérifiez ma caisse, le dépôt y est entier ; tout est inutile, il est conduit et chargé de fers. O justice !.. justice !......

---

(1) Le Comité avait tellement à cœur de prévenir la moindre erreur, qu'il fit afficher, quinze jours avant son arrestation, une invitation à ceux qui avaient fait quelques dépôts et offrandes civiques au comité, à venir vérifier si tout était bien enregistré, et s'il n'y avait point eu d'erreurs de faites envers le public. Cet avis est signé de moi, et imprimé chez Hérault.

Le comité doit sans doute rendre compte de sa conduite ; il ne demande point d'indulgence, sur-tout pour la comptabilité : car, pour être probe, il ne faut pas de talent. Mais il ne peut répondre des faits qui lui sont étrangers ; c'est cependant ce qui a eu lieu relativement à la Compagnie *Marat*. Le représentan Carrier décida de former une Compagnie révolutionnaire pour les arrestations. Le 9 brumaire dernier, il appella près de lui tous les individus qui en firent partie ; il les harangua, et remit à chacun d'eux une commission particuliere, *avec des instructions pour agir, de leur autorité, dans toute l'étendue du département, faire les arrestations et visites domiciliaires chez les individus*, &c. &c. &c. (1). Comment rendre le comité responsable de faits hors de sa compétence ?

Cette compagnie révolutionnaire s'organisa, se nomma des chefs, établit une comptabilité et un ordre, choisissait ceux de ses membres qui devaient procéder *aux arrestations, aux visites domiciliaires et appositions de scellés chez tels*

____

(1) *Voyez* les commissions données par Carrier à chacun des membres de cette compagnie ; l'original est enregistré chez Nugent, notaire. Note 15.

ou tels individus (1) : ils eurent des régistres où durent être inscrites leurs opérations, et auquel on peut avoir recours. *Que chacun réponde de ses faits ; voilà la justice.*

Soit que quelques membres de cette Compagnie, ou *plutôt quelques mauvais sujets hors de son sein*, profitant du moment de trouble, se fussent portés à quelques exactions, le comité entendit quelques murmures sourds.... Aussitôt je fus chargé de faire des représentations, et de demander la réforme des pouvoirs dont on abusait.

Le représentant Carrier considérant les inconvéniens qui pouvaient résulter de l'état des choses existantes, acquiesça aux justes demandes du comité, et les pouvoirs furent restreins ; cette pièce existe dans les archives de l'administration, elle fut, dès le jour même, notifiée à la Compagnie *Marat* ; il en résulta l'arrestation et la réforme de quelques-uns de ses membres ; ce nouvel ordre de choses exista jusqu'à la loi qui abolit toutes les armées révolutionnaires ; alors le comité se

---

(1) Pourquoi rendre le comité responsable des scellés qui ne furent pas apposés par lui ?

réduisit à quelques commissaires (1) qui furent chargés des opérations, tant au dedans de la cité qu'au dehors (2), avec obligation de dresser des procès-verbaux de tout ce qu'ils feraient par ordre du comité.

Des malveillans accusent le comité d'avoir envoyé chez ses concitoyens pour fair une levée de matelas, draps, chemises, &c., &c. Oui, hommes insensibles et pervers, qui savez tout empoisonner; oui, vous avez raison, cette espèce de taxe a eu lieu; mais, pourquoi, en quel temps, comment et par qui a-t-elle été exécutée? A l'instant où vos cœurs se réjouissaient, sans doute, des maux des défenseurs de la patrie; où vos cœurs battaient de joie d'apprendre la dé- route de nos colonnes, près Rennes; à l'instant où nos frères d'armes, échappés à la fureur des brigands, arrivaient, déchirés de blessures, et

____

(1) Ces commissaires furent Fleury, Jolly, Pinatel, Bataillé, Vic, Guyomet, Lasalle, Martin et Berthault, Baras et Juillet, secrétaires.

(1) En pluviôse, le représentant du peuple remis deux arrêtés au comité; l'un lui enjoignait de porter sa surveillance sur toute l'étendue du département, et l'autre de procéder à la vente des divers effets déposés dans son sein; celui-ci fut enregistré au district. Ces deux arrêtés, ainsi que tous les autres, sont au comité.

succombant sous le poids de toutes les privations.

A la nouvelle de ce désastre, les membres du comité se rendirent, à 8 heures du soir, au milieu du peuple ; ils firent part de la situation cruelle où l'on était réduit par l'arrivée inattendue des blessés ; la société nomma des commissaires ; dans la nuit même l'on opéra, et nos frères, dont le sang coulait encore, reçurent le soulagement qu'ils avaient droit d'attendre. Si c'est là une exaction et des actes arbitraires, le comité est coupable ; mais il ne peut se repentir d'avoir obéi à la loi de la nécessité ; convaincu d'ailleurs que la véritable humanité est de secourir les défenseurs de la patrie (1).

Il est une vérité reconnue chez tous les peuples libres, c'est que *le premier des devoirs est de respecter les propriétés, autrement point de société*...... Mais aussi, chez toutes les nations, dans les grandes crises, les riches ont été invités, obligés même d'aider la classe pauvre, de venir hâter de leurs moyens l'exécution des mesures de salut public. Un sage disait au peuple d'Athènes :

---

(1) Consultez les citoyens Gillet, Sarradin, et autres, à Nantes, et lizez le compte rendu par la Commune à la Convention.

[31]

« Citoyens et amis, voyant votre état mal-
» heureux, voyant la cité manquant des choses
» les plus nécessaires, les riches en possession
» de tout, les citoyens de médiocre ou de
» petite fortune abymés de taxes et de malaise,
» j'osai provoquer une loi par laquelle je ran-
» geai les riches à leurs devoirs, et je tirai les
» pauvres d'oppression. J'ai été calomnié; je
» suis haï des riches; mais le peuple est sou-
» lagé, la cité est sauvée; j'ai fait mon devoir ».

Le comité est accusé d'avoir exigé des sacrifices de ses concitoyens arrêtés..... Vous calom-
niez les Nantais!.... Non..... nos concitoyens
n'ont pas besoin d'être stimulés, ni taxés (1);
ils ont connu, d'après les discussions publiqnes,
les dangers de la cité et les besoins des circonstances; ils sont venus couvrir l'autel de la
patrie de leurs offrandes civiques, applicables
aux mesures révolutionnaires et à la commission
de salubrité, qui fut établie par le comité pour
prévenir l'épidémie dont les symptômes effrayans
se développaient chaque jour (2).

---

(1) *Voyez* les décrets des 18 et 19 frimaire, et l'état
des souscriptions au comité.

(2) *Voyez* le compte rendu par la Commune de
Nantes.

Le comité devait veiller à la sûreté, à la vie des citoyens : il le fit ; les épurations furent ordonnées dans toutes les maisons d'arrêt, dans la salle de la société ; par-tout des mesures efficaces et subites furent employées, les rues furent nétoyées et lavées, les cimetieres couverts de chaux, tant dans l'intérieur de la ville qu'au dehors. Enfin, une fois le riche fut chéri du peuple, et l'or eut sa véritable destination. Toutes ces mesures furent exécutées de concert avec la municipalité ; car, je ne saurai trop le répéter, le comité, dans toutes les grandes mesures, s'aida toujours des conseils des administrations et de la force du peuple (1).

Le moindre délai, tant dans les secours que dans les moyens d'exécution, rendait le mal sans remède. Déjà nos défenseurs, nos meilleurs citoyens, étaient moissonnés par centaines. *Un membre du comité, qui se chargea de la surveillance, y trouva la mort pour prix de son dévouement.* Enfin, tous ceux qui connurent l'état déplorable où nous étions, convinrent qu'il n'y

---

(1) Ce fut aussi la marche du comité, pour les certificats de civisme. Observez que la situation de Nantes, entouré de brigands, exigeait ces précautions de la part des fonctionnaires.

avait

avait pas un moment à perdre pour sauver
Nantes, et peut-être la République entière, d'une
calamité inévitable ; c'est à la connaissance de
tous nos concitoyens ; ils savent que les brigands
de la Vendée, entassés dans les maisons d'arrêts, nous apportaient la famine, la peste et
la mort, si l'on eût mis le moindre retard à l'exécution des mesures de salut public. Voilà l'em-
ploi des offrandes civiques ; les reçus de toutes
ces dépenses sont au comité (1).

Amis de l'humanité, surveillez, prévenez le
développement de ce germe pestilenciel, il existe ;
étouffez ce monstre dévorant, vous aurez bien
mérité de la patrie et de l'humanité.

Au surplus, je ne prétends pas dire que quelques membres du comité, que le comité lui-même,
n'ait pas commis quelques erreurs ; le zèle peut
les avoir entraînés ; ils peuvent, semblables aux
cultivateurs soigneux, avoir arraché quelques
brins de bon grain, en voulant détruire les plan-
tes parasites qui croissaient dans le champ de la

---

(1) Je ne crains par d'assurer que cette mesure du
comité a sauvé des milliers de citoyens . voilà les actes
de ceux que l'on traite d'assassins du peuple. Oui, le
comité a sévi contre les ennemis de la révolution, et
veillé à la conservation des patriotes. Sont-ce là des
crimes ?

C

patrie, mais certes, ce ne fut pas leur intention (1).

Républicains, n'oubliez pas en quel temps fut créé le comité, devenu l'objet de la plus affreuse persécution. Il le fut dans un temps qui n'a pas d'exemple dans l'histoire, dans un temps où les factieux déchiraient la république, soulevaient les départemens, où le Calvados, Lyon, Marseille, étaient en feu, où les esclaves envahissaient nos frontières du nord, où les fanatiques de la Vendée se répandaient comme un torrent dévastateur dans le sein de la république, où les scélérats projettaient de livrer Brest, où ils recevaient

---

(1) Ne croyez pas à la récrimination, à la haine, qui veut absolument présenter le comité de Nantes comme composé d'êtres immoraux et entachés : vous savez que la vengeance est aveugle et délirante ; l'on a osé vous dire que Grandmaison était un assassin déjà connu à Nantes. Eh bien, apprenez la vérité ! A l'âge de dix - sept ans, il se trouve avec un ami à se promener à la campagne ; cet ami engagea une querelle avec un meûnier qui en vint au point de le frapper : celui-ci, en se défendant, porta un coup mortel à l'agresseur. Bientôt l'ami, et Grandmaison lui-même, quoique n'ayant participé en rien à l'action, furent traduits en prison. Il fallut avoir recours à des lettres de grace ; tout Nantes s'intéressa pour les lui faire obtenir. Voilà l'affaire que l'on traite d'assassinat. Quel est celui qui peut se flatter d'être à l'abri d'un pareil malheur ?

les perfides anglais dans Toulon ; dans un moment où la cité de Nantes était en proie à tous les maux qui peuvent assiéger l'humanité ; où l'aristocratie, le fédéralisme, le brigandage, l'accaparement, les factions et les complots, étaient au grand ordre du jour ; à l'instant où il fallait ou succomber ou créer un nouvel ordre de chose ; *à l'instant, enfin, où la moindre faiblesse devenait un crime pour des fonctionnaires fidèles.* Représentez vous combien il fallut de courage à des pères de familles pour se dévouer au ressentiment et à toutes les haines, en devenant l'organe de la loi révolutionnaire. *A la vérité, les représentans du peuple nous dirent de saisir la massue populaire sans crainte, que la Convention reconnaîtrait notre courage et notre dévouement, et qu'elle nous protégerait contre les haines et les factions.* Voyez depuis ce moment douze *vétérans révolutionnaires, douze montagnards prononcés,* toujours sous le coup des poignards et bravant tous les dangers, pour rétablir la sûreté et foudroyer tous les conspirateurs et les ennemis du peuple ; représentez-vous nos immenses travaux, et le nombre d'ennemis qu'une conduite ferme et vigoureuse a dû ameuter contre des républicains sévères, qui ne voulurent entendre à aucunes compositions, qui voulurent être incorruptibles et *ne voir que les crimes et non les coupables*, qui voulurent enfin, *que l'égalité devant la loi ne fût pas un vain mot.* Voilà les hommes que l'on persécute sans distinction. Mais, qu'on fait nos ennemis? Ne pouvant nous corrompre, ils nous ont peints comme corrompus, afin de se débarrasser de nous. Ils nous ont éloignés et réduits au silence, parce qu'ils ont voulu tromper le peuple; ils redoutaient notre présence et la vérité. O citoyens! si je ne craignais de dérober des momens que vous devez à la patrie, je vous ferais le tableau de l'intrigue qui m'a précipité dans l'abîme; vous frémiriez d'horreur!.... Mais non, je me borne à rendre un compte simple et vrai de mes mœurs, de ma vie, de mes principes, de mes travaux, de ma haine contre la tyrannie, le fanatisme et les ennemis du peuple, de mon dévouement et de mes malheurs. *J'atteste ici formellement ne m'être mêlé d'aucune comptabilité au comité, et n'avoir été ni l'ordonnateur, ni l'exécuteur d'aucune mesure tyrannique ou sanguinaire.*

Si la vérité, toute nue, peut détruire la calomnie et conduire à la conviction, j'ai rempli ma tâche; je ne suis plus, pour mes concitoyens, un être sans moralité, un faux patriote, gorgé d'or et couvert de crimes, un monstre dégouttant de sang : mais je suis un malheureux patriote opprimé par l'intrigue, et gémissant dans les fers, après avoir bien servi ma patrie, et qui ne demande pour prix de cinq années de dévouement et de travaux, que d'être rendu à l'honneur et à l'estime publique.

OBSERVATIONS IMPORTANTES.

Rien n'a été oublié pour nous présenter sous le rapport le plus défavorable ; il fallait bien nous gratifier du titre d'amis et d'agens de Robespierre. He bien ! je déclare que jamais, pendant l'administration du Comité, il ne lui a été écrit une lettre, et le Comité n'en a jamais reçu de lui.

Je déclare de plus qu'étant venu deux fois à Paris depuis 1793, je n'ai jamais été chez Robespierre et ne lui ai parlé de ma vie ; je défie qui que ce soit de prouver contre ces vérités.

O vous qui me persécutés, soyez justes, faites un retour sur vous mêmes, descendez au fond de vos cœurs, rendez hommage à la vérité, reconnaissez la vertu et l'innocence ! Elles seules consolent dans le malheur, elles seules ne nous abandonnent pas.

Le règne de la vérité, de la justice, le bonheur de ma patrie; voilà mes vœux.

CHAUX.

EXTRAIT des Pièces justificatives des faits énoncés dans le présent Mémoire, et que j'offre de prouver.

1°. Nous, Officiers, Sous-officiers et Canonniers
» composant la compagnie de Canonniers, bataillon
» de Cincinnatus, de la garde-nationale de Nantes;
» certifions que le citoyen Pierre Chaux a servi dans
» ladite compagnie, en qualité de Capitaine, depuis
» l'époque de sa formation jusqu'au moment de son
» arrestation; qu'il nous a toujours donné des preu-
» ves non équivoques du plus pur civisme, tant par
» ses paroles que par ses actions, en remplissant le
» devoir de canonnier avec exactitude, et se trouvant
» à son poste toutes les fois que son devoir l'y appel-
» lait, et notamment à une sortie contre les brigands
» de la Vendée, où il s'est conduit avec distinction
» et a beaucoup contribué au succès de cette affaire,

» de l'aveu des citoyens composant le détachement.
» En foi de quoi, nous lui avons délivré le présent,
» le 3 vendémiaire de l'an 3ᵉ. » *Suivent les signatures.*

2°. « Nous soussignés, certifions que, pendant
» l'espace d'environ un mois, que nous avons été en
» détachement à Nort avec le capitaine Chaux, il a
» beaucoup contribué à y ranimer les principes répu-
» blicains, en se donnant toutes les peines possibles
» pour y organiser la garde-nationale et y établir une
» société populaire. Ce 3 vendémiaire de l'an 3ᵉ. »
Suivent les signatures.

3°. « Nous, Représentans du peuple près l'armée
» de l'Ouest, considérant que dans le moment difficile
» où nous sommes, il est urgent de surveiller et de
» découvrir les manœuvres des ennemis de la patrie,
» et notamment de ceux qui ont participé au soulève-
» ment de la Vendée, avons nommé le citoyen Chaux,
» républicain prononcé, membre du Comité établi
» pour y parvenir, &c. &c. &c. »

Cette commission fut établie en mars 1793 : elle est
dans mon bureau; c'est après cette nomination que je
fis la sortie dont il est parlé ci-dessus; je pensai
que la meilleur surveillance était de battre les brigands.

4°. « Nous, Représentans du peuple près l'armée
» de l'Ouest, considérant qu'il importe au bien pu-
» blic de conserver, dans les administrations, les répu-
» blicains incorruptibles et prononcés, arrêtons que
» le citoyen Chaux restera attaché à sa compagnie de
» Canonnier et continuera à être membre du Comité »

Cet arrêté est du mois de nivôse : il doit se trouver au tribunal, et parmi les pièces mentionnés au procès-verbal de l'inventaire de mes papiers.

5°. Arrêté des Société populaire et Administrations de Nantes, qui motive ma députation vers la Convention, en 1793, et dans les Départemens.

6°. Attestation du représentant du peuple Phelipeaux, de la manière dont je m'acquittai de la mission dont mes concitoyens m'avaient chargé près la Convention et dans les Départemens de l'ouest.

7°. Attestation de ma résidence à Nantes, sans interruption, depuis 1789 jusqu'en 1793, sauf le temps que je fus aux Assemblées électorales, ou en détachement contre les brigands de la Vendée.

8°. Attestation que je pris les armes dès le commencement de la révolution, et que je fus un de ceux qui arrachèrent le château de Nantes aux satellites des tyrans en 1789.

9°. Diplôme qui constate que je fus un des fondateurs de la société des vrais Sans-culottes de Nantes, en 1790, et que j'y émis les principes les plus purs.

10°. Attestation qui constate ma conduite et mon amour pour les principes, dans ma section.

11°. Attestation qui constate ma mission du 10 mars 1793, et que je fus sous les poignards, les fourches et les faulx des révoltés pendant trois heures, pour parvenir au recrutement.

12º. Les déclarations des citoyens Gaullier, Petit, Bertaut, Baras et autres, par lesquelles il résulte que je ne me suis jamais mêlé de comptabilité au Comité.

13º. Il existe dans mes papiers un très-grand nombre de quittances des dons civiques que j'ai faits, tant en habits, souliers, chemises, argent, &c. que mon zèle porta quelquefois au-dessus de mes moyens; mais je me crus toujours assez riche avec la liberté et l'estime de mes concitoyens.

14º. Tous mes pas, toutes mes actions attestent que je fus l'ami de la révolution, l'ennemi des royalistes, des fanatiques, des fédéralistes, l'ami et le protecteur déclaré des malheureux et des infortunés, non-seulement depuis la révolution, mais long-temps avant : tous ceux qui m'ont connu attestent ces faits.

15º. Extrait des commissions données par Carrier, etc. a la compagnie Marat, en date du 9 brumaire de l'an 2ᵉ.

« Les Représentans du peuple près l'armée de
» l'ouest, donnent au citoyen . . . . membre de
» ladite compagnie, le droit de surveillance sur tous
» les citoyens suspects de Nantes, sur les étrangers,
» &c. &c. &c. Ledit citoyen arrêtera ou fera arrêter
» tous les individus dont il croira prudent de s'assu-
» rer, les conduira au Comité, et arrêtera en outre,
» ou fera arrêter, tous les individus qu'il trouvera
» assister aux conciliabules, ou chambre littéraire. La
» force publique obéira sur-tout aux réquisitions qui
» lui seront adressées, soit au nom de la compagnie,

» soit au nom individuel des membres qui la compo-
» sent; il aura de même le droit *de faire des visites*
» *domiciliaires par-tout où il le jugera convenable, dans*
» *Nantes ou dans l'étendue du département de la Loire*
» *inférieure;* nul individu ne pourra s'y opposer, et
» sera tenu, au contraire, d'ouvrir les portes de tous
» les lieux et appartemens où il jugera convenable de
» porter la surveillance de ses recherches : en cas de
» refus, le citoyen membre demeure autorisé à faire
» ouvrir les portes par les gens de l'art, même les
» faire enfoncer, s'il y a lieu; en cas de rébellion,
» il requérera la force armée, qui sera tenue de lui
» prêter obéissance et secours; ceux qui auront opposé
» la rébellion seront saisis sur-le-champ et punis comme
» rébeles à l'exercice de l'autorité légitime, &c. &c.

16°. « Nous, Maire et habitans de la Commune
d'Orvault, certifions que depuis que le citoyen Chaux
» a une ferme dans notre Commune, il s'est toujours
» montré homme de probité et ami des malheureux ;
» qu'en ce moment *il se trouve chargé de deux orphelins*
» *de la Vendée,* et qu'il a fait son possible pour leur
» faire oublier leur malheur et leur faire aimer notre
» République, en les rendant bons citoyens. Nous
» certifions de plus que le citoyen Chaux, *était à*
» *Orvault les* 24, 25, 26 *et* 27 *frimaire, occupé à-ense-*
» *mencer des grains;* il y était encore le 12 pluviôse
» et jours suivans : nous assurons de plus qu'il a
» donné la paix dans notre Commune d'Orvault. Le 22
» fructidor, l'an deux, &c. &c. &c.

C H A U X.

ADDITION.

A l'instant où mon Mémoire est sous presse, et presque achevé, je reçois le Rapport de CARRIER sur sa mission à Nantes.

MA première remarque est l'obligation où il se trouve de reconnaître le civisme des membres du Comité; en cela il rend hommage à la vérité et prononce avec la cité : il est encore obligé de déclarer qu'il prit tous les renseignemens possible avant de traduire les 132 Nantais à Paris; il déclare que l'opinion publique s'était manifestée à leur égard. *Ce n'est donc plus le comité, mais bien Carrier qui les a traduit, après avoir pris, sur leur compte, tous les renseignemens possible :* pourquoi donc accuser le Comité?

CARRIER, si tu ne veux pas passer pour un fourbe, hâte-toi de rétablir la vérité, car je la dirai toute entière, et tu sais par expérience que j'ai le courage de la dire. Apprends de moi qu'il n'appartient qu'à un lâche d'abuser de sa force pour calomnier et frapper un faible. Si tu ne t'empresse pas de désavouer à l'instant le passage de ton Mémoire où tu dis que le Comité a donné l'ordre de fusiller les 132 Nantais traduits par toi au tribunal, je te dénonce à l'univers entier comme un imposteur indigne de représenter la majesté du peuple. *Si c'est une erreur de ta part ; fais comme Phélippe, rétracte-toi : c'est une vertu et un devoir pour tout homme de bien, de reconnaître et confesser ses torts.* Lis à la page 19, l'ordre donné d'après la séance du 14 frimaire, où tu assista, ainsi qu'à celle du 15, et rappelle-toi que les Nantais n'étaient plus à Nantes dès le 7 dudit mois.

CARRIER, tu connais donc, quand tu veux, le langage de la vérité! Tu as raison; tu lui rends hommage, en disant qu'il n'y a jamais eu de complicité entre toi et l'administration du Comité; s'il y en avait eu, le Comité n'eût pas sévi contre les aides-de-camp Lamberty et Fouquet ; rappelle-toi, en fremissant, le sort de ces deux individus. Ils étaient coupables; mais par qui le devinrent-ils? Devaient-ils compter sur ta foi, OUI ou NON ? Réponds.... Si tu ne répond pas, cent témoins vont tirer la vérité de leur tombe, et rappeller ce que tu crois enseveli avec leur mémoire. Dis vrai, et j'applaudirai ; si tu ne dis pas vrai, tu t'avilis.

Nota. Cet à regret que je me vois forcé de rappeller à la vérité un membre de la Représentation nationale ; mais la conservation de ma gloire me prescrit ce sacrifice. Je déclare aux ennemis de ma patrie que ce n'est pas pour les flagorner, car je les assure de nouveaux de toute ma haine.

CHAUX.

De l'Imprimerie de l'immortel FRANKLIN, rue de Nazareth, près celle du Temple. n°. 19.